LA
CHASSE
DONNEE

Aux Espouuentables Esprits du Chasteau de Biscestre, pres la Ville
de Paris,

Par la Demolition qui en a esté faite,

*Auec les Estranges Tintamarres, & effroya-
bles Apparitions qui s'y sont
tousiours veuë.*

A PARIS,

Chez IEAN BRVNET, ruë Neufue Sainct
Louis au trois de Chifre.

1634.

La Chasse donnée aux Esprits du Chasteau de Bissestre, pres la ville de Paris, par la demolis tion qui en a esté faicte : Auec les Estranges Tintamarres, & Effroyables Apparitions qui s'y sont tousiours veuë.

CE n'est point vne fable ce que l'on nous raconte des diuerses apparitions d'Esprits, qui se sont veus & entendus par vn nombre infini de personnes dedans & aux enuirons du chasteau de Bicestre : puis qu'il est prouué tāt par l'Escriture saincte, que par les Histoires prophanes, que les Esprits apparoissent. Nous lisons en Daniel, que Baltazar estant assis à table faisant grād chere auec ses concubines, qu'il faisoit par mespris boire dãs les vaiſſeaux ſacrez, vid clairement vne main eſcriuant contre le paroy ce qui luy deuoit aduenir.

Il eſt eſcrit au ſecond liure des Machabées chap. 3. qu'Heliodore Capitaine de Seleucus Roy d'Aſie, enuoye pour piller le Temple de Hieruſalem, vid vn homme à cheual s'approchant furieuſement de luy, & furent veuz deux iouuenceaux qui ſe tenoient à coſté,& le frappoient à coups de verges. Au meſme liure chap. 2. il eſt dit, que lors que Iudas Macabée combattoit les ennemis, & que la bataille renforçoit, cinq Caualliers apparurent viſiblement au Ciel, ayans leurs cheuaux bridez de brides dorées, & marchoient deuãt l'armée des Iuifs, ayant Iudas Macabée au milieu d'eux; lequel outre plus, vid vn Cheualier vestu d'habits luisans & d'armures d'or, qui branloit sa lance dextrement, pour l'asseurer qu'il auroit vne tres-asseurée victoire.

D'autre-part, Plutarque raconte, en la vie de Simon, que les citoyens de Cheronnée firent tant par leurs belles paroles, que Damõ, qui s'estoit absenté à cause des meurtres par luy commis, retourna dans leur ville, où puis apres ils le tuerent dans leurs estuues. Mais de-là en auant on vid au lieu où il auoit esté tué, beaucoup de phantosmes & esprits; tellement qu'à cause des grands tintamarres, cris, & gemissement qu'on oyoit , on fut contraint de faire clore les portes.

Toutes les preuues que ie pour-rois alleguer touchant l'appari-tion des Efprits, n'eft que pour au-thorifer les Apparitions qui fe font veuës par cy-deuant dans le châ-teau de Biceftre , dans lequel des perfonnes de croyance fe prome-nant aux enuirons d'icelui, ont veu dans la Cour comme deux hom-mes ayant le pourpoint bas, l'efpée nuë à la main, faifoient mine de fe battre : eux y allant pour tâ-cher de les feparer, furent bien é-tonnez que ces deux hommes dif-parurent, & n'entendirent qu'vn grand bruit fur le haut des murail-les : ce qui les eftonna.

Autres perfonnes y ont veu fou-

uent comme des Caualliers s'en-
trebattre les vns contre les autres,
& puis dans vn inftant ne voir plus
rien.

Quelques-vns portez de curiofi-
té fe font voulu émanciper de
vouloir coucher & paffer la nuict
dans les caues de ce chafteau : aux
vns il ne leur eft rien apparu, mais,
à d'autres il eft arriué qu'ils ont
efté fi bien battus, que la plus-part
en font morts d'efpouuante.

Les villageois de Gentilly, Arre-
cueil, Villeiuifue, & autres qui trauaillent d'ordinaire au labour, &
vignes qui font autour dudit châ-
teau, font tout accouftumez d'y
entendre des cris & hurlemens effroyables, dont ils ne fe mettent
point en peine, comme eftant vne

chose qui leur est ordinaire.

Souuentesfois l'on a veu appa-
roiſtre ces phantoſmes & Eſprits,
tantoſt à pied , & incontinent à
cheual , & bien ſouuent l'on y a
veu la figure d'vn homme de feu
& de ſang , ou vn autre à qui les
boyaux ſortoient du ventre , &
quelquefois comme vne botte de
paille en feu, & par en-apres vne
eſcouppeterie de piſtolets.

Dieu permet que le malin eſprit
face tout ce meſnage és lieux où
l'on aura exercé des cruautez ,
meurtres & tyrannies , ainſi qu'il
s'eſt fait bien ſouuent dans ce lieu

Telles Apparitiõs ſont aprouuée
par l'Eſcriture Ste. en Eſaye chap. 3
Dieu menace les Baboloniens , 8
leur declare par ſon Prophete, qu'

les Faunes , Satyres & Luittons
sauteront dans leurs Palais , &
tourmenteront les gens.

Celle qui est arriuée autrefois à
vn villageois de Montlhery estoit,
que cet homme estant party fort
tard du fauxbourg de sainct Mar-
ceau pour s'en retourner audict
Montlhery, estant à l'opposite du
chasteau de Bicestre, il fit rencon-
tre comme d'vne femme qui se di-
soit se trouuer mal, & qu'elle le
supplioit de la mettre en trousse
derriere luy pour la conduire ius-
ques aux plus prochaines maisons.
Cet homme porté de charité luy
accorda sa demande, & fait en sor-
te qu'elle monte facilement, sur
lequel elle ne fut si tost, que voila
le cheual & l'homme enleuez en

B

l'air, & fut tranſporté dans cette
nuict au milieu d'vn bois qui eſt
entre ſaincte Catherine & ſaincte
Mone, prés la ville de Tours, dans
vn lieu où il ſe commet iournelle-
ment des meurtres : là où eſtant il
s'apparut à luy de tres-eſpouuen-
tables viſions. Mais le iour venu, le
tout ſe diſparut : neantmoins elles
donnerent vne telle eſpouuante à
ce pauure homme, que ſon cheual
en eſtant mort, à peine peut-il ga-
gner la ville de Mombazon, où é-
tant arriué ſe fit mettre au lict , &
le quatrieme iour il en mourut.

Bref il eſt facile à croire qu'il ſe pouuoit
apparoir dans ce lieu pluſieurs phantoſmes & Eſprits , puis-que c'eſt dans les
lieux deſerts & non occupez que telles
choſes apparoiſſent.

Se pouuoit-il trouuer place plus affreu-

ſe qu'eſtoit celle dudit chaſteau , qui de
tout temps a eſté le receptacle de mau-
uaiſes procedures : car c'eſt dans des lieux
comme il eſtoit qu'apparoiſſent d'ordinaire des phantoſmes & prodiges, dau-
tant qu'il ſe trouue que les eſprits fre-
quentent & habitent plus ſouuent dans
les mazures & vieux baſtimens qu'en autres lieux.

Combien ſe voit il d'eſtranges apparitions dans les arenes de Niſmes, qui ſont
tellement effroyables, qu'il ne ſe trouue
perſonnes ſi hardies qui oze y aller le ſo-
leil eſtant couché.

Se peut il voir encore de plus eſpou-
uentables viſions que celles qui s'apparoiſſent ſouuent dans le vieux chaſteau
de Luſignan , & dans le Palais Zutelle de
la ville de Bourdeaux, dans leſquels lieux
les grands bruits & tintamarre qu'on y
entend des eſprits rendent ſes places in-
habitables.

Toutesfois ie n'eſtime pas que toutes celles que nous ſçaurions raconter peuſ-ſent eſtre plus effroyables que celles qu'on tient eſtre apparuës dans ledict chaſteau de Biceſtre.

Il ſe trouue encore des maiſons com-munes, & qui ſont le plus ſouuent habi-tées, leſquelles neantmoins ne laiſſent d'eſtre incommodées par des Eſprits. Quelquefois il s'en apparoit. Ce qu'ap-perceuans les chiens ſe ietteront entre les iambes de leurs maiſtres, & n'en vou-dront partir, car ils craignent fort les Eſprits, comme font auſſi les cheuaux & mulets. D'autresfois quelqu'vn viendra tirer ou emporter la couuerture du lict, ſe mettra deſſus ou deſſous iceluy, ou bien ſe promenera par la chambre, ce qui donne de la frayeur aux poureux.

Il eſt ſouuent aduenu que les domeſti-ques de quelques maiſons ont ouy de nuict des Eſprits qui ſembloient remuer les chauderons, pots, plats, bancs, tables, & autres vſtancilles de meſnage, & penſoient qu'on les iettât par les degrez. Cependant le lendemain l'on trouuoit le tout remis en ſa place.

On dit pareillement qu'il y a d'autres Eſprits qui enleuent des portes hors des gonds, & les iettent par terre, ou renuerſent autre choſe, puis la laiſſent ainſi, & tourmentent fort le monde.

Les Metalliers aſſeurent qu'on vóit en certaines mines des Eſprits veſtus comme eux, qui tournent çà & là, & ſemble qu'ils trauaillent, tirent le metal, l'aſſemblent par monceaux, le mettent dehors, tournent la roue, & font autres beſongnes. Auſſi dit-on qu'ils n'ont pas accoutumé de faire de deſplaiſir à perſonne, ſi on ne ſe mocque d'eux. Ce qu'aduenant, ils ietteront des pierres, ou quelque autre choſe contre celuy qui les offenſe.

Se peut-il trouuer vne preuue plus ma-

nifeſte que celle qni eſt arriuée n'agueres
ſur les frontieres de Bourgongne, à vn
ouurier Metallier, lequel eſtant plus que
d'ordinaire tourmenté d'vn Eſprit, tellement que cet ouurier impatient com-
mença à l'iniurier, & luy commander
d'aller au gibet auec imprecatiós & mau-
diſſons. Lors cet Eſprit print le metallier
par la teſte, laquelle il luy tordit en telle
ſorte, que le deuant étoit derriere, & n'eſt
pas mort pour cela, eſtant il n'y pas long
temps dans la ville de Langres, où il aſ-
ſeura à des perſonnes notables que l'ac-
cident luy eſtoit arriué de la ſorte.

Il y a d'autres Eſprits qu'on appelle
Nains de montagnes, pource qu'ils apparoiſſent ſouuent de petite ſtature, leſquels ne font nul mal aux hommes ſi on
ne les irrite.

Et ainſi il ſe trouue de differentes ſortes
d'Eſprits, ſoit le long des eaux, dans les
carrieres, montagnes, & autres lieux de

serts & non habitez, comme pouuoit é-
tre le chasteau de Bicestre.

Nous deuons esperer que la demolitió
qui en a esté faite par le commandement
du Roy, & que la frequentation qui s'y
fera a l'aduenir, bannira & chassera entie-
rement toutes les mauuaises actions qui
s'y sont faites : & cóme cette place a esté
le seiour de personnes mal viuantes,
qu'elle sera l'habitation d'vn peuple qui
viura dans la crainte & dans l'amour de
Dieu, lequel par labonne œconomie qui
s'y fera dans les trauaux des manufactu-
res, sera deliuré de la necessité.

F I N.